AF558607

Kombucha Rezepte

Das Rezeptbuch mit den leckersten Kombucha Rezepten für eine starke Gesundheit und einen gesunden Darm

Maximilian Straat

Alle Ratschläge in diesem Buch wurden vom Autor und vom Verlag sorgfältig erwogen und geprüft. Eine Garantie kann dennoch nicht übernommen werden. Eine Haftung des Autors beziehungsweise des Verlags für jegliche Personen-, Sach- und Vermögensschäden ist daher ausgeschlossen.

Email: info@edition-lunerion.de
www.edition-lunerion.de

Psiana eCom UG
Berumer Str. 44
26844 Jemgum

Vorwort

Mit der Kombucha-Kultur wird Ihr Tee ganz einfach zum probiotischen Drink und damit zum Festmahl für Ihren Darm. Denn die sogenannte SCOBY-Kultur versorgt Sie reihenweise mit nützlichen Bakterien und Hefen und liefert darüber hinaus noch massenhaft gesunde Nährstoffe. Da gekaufter Kombucha dank Pasteurisierung leider einen Großteil seiner kostbaren Inhaltsstoffe verliert, lohnt sich Selbermachen so richtig und mit diesem Buch werden Sie im Handumdrehen zum Kombucha-Brauer. Mit den vielfältigen Rezepten können Sie sich zudem kreativ austoben und dem Getränk von Vanille und Pfirsich-Minze über Kakao und Ingwer-Chili bis hin zu Whiskey und Gin alle möglichen Geschmäcker einhauchen. Auch in Kräuteressig, Brühwurst oder Käse lässt er sich verarbeiten und wer möchte, verwendet ihn sogar für seine Beauty-Rituale. Klingt gut, aber nach komplizierter Laborarbeit? Keineswegs! Denn einmal angesetzt, erledigt die Pilzkultur ihre wertvolle Arbeit ganz von selbst und Sie brauchen nichts als ein wenig Geduld. Und dank der einfach zu befolgenden Schritt-für-Schritt-Anleitungen gelingt auch Kombucha-Neulingen schon der erste Ansatz und Sie können in kürzester Zeit Ihre eigenen Drinks kreieren!

Guten Appetit!

INHALT

Wissenswertes 1

Kombucha ansetzen *3*

Häufige Fragen *7*

Klassischer Ansatz mit Tee 9

Kombucha mit Grünem Tee *10*

Kombucha mit Schwarzem Tee *11*

Kombucha mit Weißem Tee *12*

Kombucha mit Oolong-Tee *13*

Kombucha mit Pu-Erh-Tee *14*

Jun-Tee 15

Jun-Tee *16*

Kombucha mit Kaffee ansetzen 17

Kaffee-Kombucha *18*

Alternative Teesorten 19

Kombucha mit Jasmin-Tee *20*

Kombucha mit Rooibos-Tee *21*

Kombucha mit Blüten

Kombucha mit Hibiskus *23*

Kombucha mit Lavendel *24*

Kombucha mit Holunderblüten *25*

Kombucha mit Rosen *26*

Hibiskus Kombucha mit Eiweiß *27*

Kombucha mit Früchten 28

Kombucha mit Himbeeren *29*

Kombucha mit Heidelbeeren *30*

Brombeer-Vanille-Kombucha *31*

Kombucha Vanille-Orange *32*

Kombucha mit Kiwi *33*

Holunder-Erdbeer-Kombucha *34*

Erdbeer-Ingwer-Kombucha *35*

Kombucha mit weihnachtlichem Apfel *36*

Kombucha Pflaume-Zimt *37*

Kombucha Granatapfel *38*

Rosmarin-Grapefruit-Kombucha *39*

Kombucha mit Grapefruit *40*

Pfirsich-Minz-Kombucha *41*

Pfirsich-Kombucha *42*

Kombucha mit Banane *43*

Kombucha mit Melone *44*

Kombucha mit Pfirsich und Thymian *45*

Kombucha Blutorange *46*

Kombucha mit Gewürzen 47

Pfeffriger Kombucha mit Orange *48*

Kombucha mit Kardamom *49*

Kombucha mit Kurkuma *50*

Kombucha mit Zimt *51*

Kombucha mit Gurke und Koriander *52*

Kombucha mit Koriander *53*

Chili-Kombucha mit Ingwer *54*

Kombucha mit Hopfen *55*

Kombucha mit Kakao 56

Schokoladen-Kombucha mit Pfefferminze *57*

Kakao-Kombucha *58*

Kombucha mit Gemüse 59

Kürbiskombucha mit Chili *60*

Rote-Bete-Ingwer-Kombucha *61*

Kombucha Fenchel-Rhabarber *62*

Kombuchacocktail Fenchel-Rhabarber *63*

Kombucha mit Möhrensaft *64*

Kombucha-Cocktails 65

Kombucha Sour mit Whisky *66*

Goldener Kombucha mit Gin *67*

Margarita-Kombucha mit Chiasamen *68*

Kombucha nach Bloody-Mary-Art *69*

Erdbeer-Gin-Kombucha *70*

Ananas-Kombucha-Cocktail *71*

Kombucha-Margarita *72*

Kombucha-Radler *73*

Kombucha mit Matcha und Wodka *74*

Kombucha mit Chiasamen *75*

Kombucha Sanfter Engel *76*

Kombucha-Smoothies 77

Grüner Spirulina-Smoothie mit Kombucha *78*

Cremiger Kombucha-Smoothie *79*

Rucola-Sellerie-Smoothie mit Kombucha *80*

Speisen mit Kombucha 81

Fermentierter Kombucha-Ketchup *82*

Kräuteressig aus Kombucha *83*

Kombucha-Salatdressing *84*

In Kombucha eingelegte Gurken *85*

In Kombucha Fermentierte Möhren *86*

Kombucha-Brühwurst *87*

Hähnchenschnitzel mit Kombucha-Sahne-Soße *88*

Veganer Kombucha-Käse *89*

Kombucha-Gewürzbrot *90*

Kombucha-Sauerteigbrot *91*

Veganer Kombucha-Joghurt *92*

Overnight Oats mit Kombucha *93*

Kombucha-Pflaumen-Soße *94*

Möhrenmuffins mit Kombucha *95*

Mangoeis aus Kombucha *96*

Körperpflege aus Kombucha 97

Kombucha-Gesichtsmaske *98*

Kombucha-Badewasser *99*

Vegane Gesichtsmaske aus Kombucha *100*

Kombucha-Haarspülung *101*

Kombucha-Gesichtswasser *102*

Kombucha-Körpercreme *103*

Kombucha-Fußkur *104*

Wissenswertes

Kombucha ist keine Modeerscheinung der heutigen Zeit, sondern altbewährt, wann oder wo er entstanden ist, weiß aber niemand genau, und es ranken sich viele Mythen rund um den Kombucha. Besonders im Osten ist er sehr beliebt und hat dort viele Spitznamen wie „Russische Blume“, „Japanisches Mütterchen“, „Medusentee“ oder „Zauberpilz“. In Russland und auf dem Balkan werden Kombuchakulturen nach Familienrezept gebraut und von Generation zu Generation weitergegeben. Das Verschenken eines neu entstandenen Kombuchapilzes ist dort Brauch und soll verbinden.

Die Kombuchakultur wird oft als Pilz bezeichnet, es handelt sich aber dabei um einen SCOBY (culture of bacteria and yeasts). Scoby ist eine Kultur von freundlichen Bakterien und Hefen, die symbiotisch miteinander leben und durch Cellulose zusammengehalten werden. Sie ernähren sich von dem hinzugefügten Zucker und den in dem Tee enthaltenen Mineralien. Die Hefen produzieren dabei unter anderem Alkohol, von denen sich die Bakterien ernähren und daraus verschiedene Säuren wie Milchsäuren produzieren. Diese Säuren nutzen wiederum die Hefen. Bei diesem Prozess werden aber auch viele B Vitamine, lauter gute Enzyme und CO_2 produziert.

Der geleeartige Kombuchapilz ähnelt einem Pfannkuchen und kann eine glatte oder unebene Oberfläche besitzen, sein Durchmesser entspricht in der Regel dem Durchmesser des Gefäßes. Dieser Pfannkuchen kann mehrere Schichten besitzen, die mal mehr und mal weniger miteinander verbunden sind und an der Oberfläche schwimmen. Sinkt er einmal dauerhaft ab, bildet sich an der Oberfläche eine neue Kultur. Wichtig für die Fermentation ist weniger die Dicke des Kombuchapilzes als die Breite. Idealerweise sollte er die gesamte Oberfläche bedecken und er fermentiert ab einer Dicke von 0,3 cm bereits genauso schnell wie ein dickerer. Ein besonders dicker Kombuchapilz hat den Nachteil, dass er mehr Flüssigkeit verdrängt.

Die in dem Kombucha enthaltenen Bakterien können sich in der Darmflora ansiedeln, die Verdauung unterstützen und unerwünschte Bakterien verdrängen. Die von den Mikroorganismen produzierten Säuren im Kombucha (Glucuronsäure, Hyaluronsäure, Milchsäure, Apfelsäure, Chondroitinsulfat, Gerbsäure, Usninsäure) helfen ebenfalls bei der Verdauung und schaffen ein saures Milieu, in dem sich unerwünschte Bakterien nicht wohlfühlen. Unser Körper verstoffwechselt Kombucha basisch und er hilft dabei, den Cholesterinspiegel zu senken. Die in dem Kombucha enthaltenen Mikroorganismen produzieren reichlich B-Vitamine:

- B1 – Thiamin
- B2 – Riboflavin
- B3 – Niacin
- B6 – Pyridoxin
- B9 – Folsäure
- B12 – Cobalmin

Aber auch Enzyme wie Bromelain werden produziert. Die häufigsten Mikrobenstämme im Kombucha sind:

- Acetobacter xylinum
- Acetobacter xylinoides
- Gluconoacetobacter
- Gluconobacter oxydans
- Saccharomyces ludwigii
- Saccharomyces apiculatus
- Saccharomyces cerevisiae

KOMBUCHA ANSETZEN

Geeignete Gefäße

Kombucha benötigt abhängig der Raumtemperatur 6-14 Tage, bis er reif ist, daher werden oft größere Gefäße von mehreren Litern verwendet, um ausreichend Vorrat parat zu haben. Am besten eignen sich Glasgefäße, da sie keinen Geschmack abgeben und der Fermentationsprozess gut beobachtet werden kann. Während der Fermentation wird CO_2 produziert, das Gefäß sollte daher nicht fest verschlossen sein, die Kombuchakulturen mögen zudem eine leichte Belüftung, daher eignet sich ein offenes Glasgefäß gut. Um das Getränk vor Insekten und Verschmutzungen zu schützen, sollte ein Stück Stoff oder Haushaltsrolle mithilfe eines Gummibandes über die Öffnung gespannt werden.

Standort

Bei der Kombuchaherstellung ist ein geeigneter Standort wichtig. Die Kultur mag es warm, die ideale Temperatur liegt zwischen 21 °C und 28 °C, sie verträgt jedoch keine direkte Sonneneinstrahlung und sollte daher schattig stehen. Die im Kombucha enthaltenen Mikroorganismen benötigen Sauerstoff, daher würde es ihnen in einem geschlossenen Schrank beispielsweise zu stickig werden. Orte, an denen ein leichter Durchzug herrscht, sind ideal. Eine gute Luft ist ebenfalls für das Überleben der Kultur hilfreich, sie verträgt schlecht Rauch oder viel Dunst, der beim Braten etc. entsteht, und sollte daher nicht direkt neben dem Herd stehen, am anderen Ende der Küche ist es jedoch gut möglich.

Zucker

Die Mikroorganismen im Kombucha benötigen Zucker als Nahrung. Einfacher Haushaltszucker ist für den Kombuchapilz geeignet, jedoch wächst und gedeiht er wesentlich schneller mit einer Zugabe von Melasse oder mit der Verwendung von Rohrzucker. Natürliche Zuckersorten wie Vollrohrzucker, Melasse oder Kokosblütenzucker enthalten mehr Mineralien und sind gesünder. Jeder verwendete Zucker wirkt sich auf den Geschmack des fertigen Kombuchagetränkes aus. Rohr- und Vollrohrzucker und Haushaltszucker sind gut geeignet. Alternative Zuckersorten wie Agavendicksaft, Melasse, Kokosblütenzucker, Honig und Ahornsirup sind nicht ideal geeignet, die Kombuchakultur kann sich jedoch mit der Zeit an den neuen Zucker gewöhnen. Mischen Sie den alternativen Zucker mit dem herkömmlichen Zucker und gewöhnen Sie den Kombuchapilz so nach und nach an die neue Zuckersorte. Kombucha, der mit Honig angesetzt wird, trägt den Namen Jun-Tee. Roher Honig bringt noch einmal seine eigenen Mikroorganismen mit, die Kulturen des Jun-Tees bilden daher noch einmal eine andere Flora und es benötigt Zeit und Geduld, einen herkömmlichen Kombuchastamm auf Honig umzugewöhnen. Mit der Verwendung von anderen Zuckermitteln verändert sich der Geschmack, so können viele spannende Geschmacksvariationen ausprobiert werden. Künstliche Süßstoffe sind ungeeignet, da sie keine Nährmittel für die Mikroorganismen bilden, das gilt auch für Stevia. Da sich die Mikroorganismen von dem Zucker ernähren, wird dieser nach und nach abgebaut, möchten Sie ein zuckerarmes Getränk zu sich nehmen, dann lassen Sie den Kombucha einfach länger fermentieren. Falls saurer Kombucha benötigt wird, zum Beispiel für Kombucha-Essig, wird eine Fermentationsdauer von etwa 15-30 Tagen empfohlen. Ab Tag 15 können Sie ab und zu von Ihrem Gebräu probieren, ob es schon sauer genug ist.

Der richtige Tee

Kombucha wird immer mit Tee angesetzt. Wichtig ist, den Tee nur abgekühlt zu den Kombuchakulturen zu geben, da starke Hitze die Mikroorganismen tötet. Zimmertemperatur ist ideal. Für den Kombucha sind die Blätter der Teepflanze Camelia Sinensis am besten geeignet. Von dieser Pflanze stammt der Grün-Tee, Schwarz-Tee, Olong-Tee, Pu-Erh-Tee und der Weiß-Tee. Diese Teesorten sorgen für ein sicheres Gelingen des Kombucha. Wer auf Koffein verzichten oder ein anderes Geschmackserlebnis möchte, kann aber auch immer mal wieder auf Kräuter- oder Früchtetees zurückgreifen. Teesorten, die stark aromatisiert sind oder viele ätherische Öle enthalten (Pfefferminztee, Salbei oder Zitronenmelisse), sollten nicht oder nur in kleinen Mengen verwendet werden. Viele Kräutertees wirken antibakteriell und schädigen daher die im Kombucha enthaltenen Mikroorganismen, Kräuter und Früchtetees sollten für maximal 2 Ansätze hintereinander verwendet werden. Teesorten der Teepflanze Camelia Sinensis sind ideal für die Kombuchakultur geeignet und sollten immer wieder Verwendung finden, um die Kultur stabil zu halten, werden zu viele Ansätze mit anderen Teesorten wie Kräuter etc. gemacht, kann dies bei zu häufiger Verwendung der Kombuchakultur schaden.

Alkohol im Kombucha

Im Laufe der Fermentation wird auch etwas Alkohol gebildet, welcher von den Bakterien in Säuren umgewandelt wird. In der Regel besitzt Kombucha nicht sehr viel mehr Alkohol als ein alkoholfreies Bier oder eine reife Banane. Im Zweifelsfall reicht es, zu kosten, da sich der Alkohol gut herausschmecken lässt.

Erstfermentation

Die Erstfermentation erfolgt mit dem Kombuchapilz und ca. 10 % Ansatzflüssigkeit. Die Temperatur ist entscheidend dafür, wie schnell der Kombucha fermentiert, je wärmer, desto schneller, in der Regel benötigt Kombucha 6-14 Tage für die Erstfermentation. Während der Fermentation wird der Zucker nach und nach in Säure umgewandelt, der Kombucha verliert demnach an Zucker und wird immer säuerlicher. Das Ende der Erstfermentation bestimmt also immer der individuelle Geschmack. Mit einem Strohhalm oder Löffel lässt sich direkt aus dem Glas kosten, ob der Kombucha das gewünschte Säure-Zucker-Verhältnis hat. Die Erstfermentation kann so lange erfolgen, wie Nahrung für die Mikroorganismen vorhanden ist.

Zweitfermentation

Die Zweitfermentation erfolgt ohne den Kombuchapilz und beginnt nach der abgeschlossenen Erstfermentation. Die in der Flüssigkeit enthaltenen Mikroorganismen und Enzyme reichen auch ohne Kombuchapilz für eine zweite Fermentation aus. Der Vorteil besteht darin, dass sich der Kombucha noch einmal ganz neu erleben lässt. In der Zweitfermentation können alle möglichen Zutaten hinzugegeben werden, der Kreativität sind also keine Grenzen gesetzt. Gewürze, Säfte, Blüten, Obst und Gemüse etc. finden Verwendung. Um möglichst viel Geschmack aus den einzelnen Zutaten zu bekommen, lohnt es sich, Obst, Gemüse und ggf. auch Gewürze nur zerkleinert in den Kombucha zu geben. Zuckerhaltige Zutaten wie Obst oder Säfte kurbeln die Fermentation noch einmal richtig an und es wird reichlich Kohlensäure produziert. Damit die Mikroorganismen auch an die enthaltenen Zucker kommen können, sollten Obst und Gemüse klein geschnitten werden. Besonders auch kleine Früchte wie Blaubeeren oder Weintrauben sollten aufgeschnitten oder tiefgekühlt verwendet werden. Tiefgekühltes Obst ist besonders gut geeignet, da es auch im Winter immer griffbereit ist und durch das Tiefkühlen die Zellwände beschädigt werden, der Saft tritt aus und die Mikroorganismen kommen besonders gut an die enthaltenen Zucker.

Wann ist mein Kombucha fertig?

Der Kombucha ist fertig, sobald er Ihnen am besten schmeckt. Es kann ganz einfach mit einem Strohhalm oder einem Löffel gekostet werden. Je länger der Kombucha steht, desto saurer und hefiger wird er, es lohnt sich also, immer mal wieder eine kleine Kostprobe zu nehmen. Je wärmer es ist, desto schneller schreitet die Fermentation voran. Sobald Sie mit dem Geschmack zufrieden sind, sieben Sie die Flüssigkeit ab, bereiten eine Zweitfermentation vor oder trinken ihn direkt so. Kombucha sollte im Kühlschrank gelagert werden, durch die Kälte wird der Fermentationsprozess stark verlangsamt.

Aufbau von Kohlensäure

Damit die in der Flüssigkeit lebenden Mikroorganismen Kohlensäure aufbauen können, ist es nötig, dass noch ein geringer Restzucker in dem Getränk vorhanden ist. Um die Kohlensäure im Getränk zu halten, sollte eine gut verschließbare Flasche (Bügelflasche) genutzt werden. Lassen Sie den Kombucha so gut verschlossen bei Zimmertemperatur 2-4 Tage stehen. Hier sollte täglich kontrolliert werden, wie viel Kohlensäure bereits vorhanden ist. Öffnen Sie dafür einfach kurz den Bügelverschluss: Nehmen Sie ein kräftiges Zischen wahr, ist ausreichend Kohlensäure aufgebaut. Die Flasche kann dann gut verschlossen in den Kühlschrank gestellt werden, durch die Kälte wird die weitere Fermentation verlangsamt und der fertige Kombucha ist eine Woche gekühlt haltbar. Kontrollieren Sie auch im Kühlschrank ab und an den Druck. Um ein Übersprudeln der Flüssigkeit zu vermeiden, lohnt es sich, die Flaschen nur zu ¾ mit Flüssigkeit zu füllen. Sollten Sie eine fest verschlossene Flasche für ein paar Tage mal nicht geöffnet haben, stellen Sie die Flasche am besten erst einmal für 2-3 Stunden in den Kühlschrank, kalte Flüssigkeit sprudelt nicht so schnell hoch. Öffnen Sie die Flasche anschließend vorsichtig und ggf. draußen oder in der Duschkabine. Mögen Sie keine Kohlensäure? Geben Sie den fertigen Kombucha in eine Schraubflasche und verschließen Sie den Deckel nur sehr leicht, so kann ein Großteil des gebildeten Gases entweichen.

Kombucha und Metall

Da bei der Fermentation viele Säuren entstehen, sollte Kombucha nicht mit Metall, vor allem nicht mit Aluminium, in Kontakt kommen. Durch die Säuren können sich Ionen aus dem Metall lösen, welche ungesund auf unseren Organismus wirken. Edelstahl wird nicht von den Säuren angegriffen und kann daher problemlos verwendet werden. Ansonsten können alle anderen Materialien wie Glas, Kunststoff usw. problemlos verwendet werden.

HÄUFIGE FRAGEN

Wieso schmeckt mein Kombucha zu stark?

Der Grund hierfür ist in der Regel, dass der Kombucha zu lange fermentierte. Mit einem Strohhalm lässt sich schnell und einfach kosten, ob das Getränk bereits die richtige Reife hat. Bei sehr warmer Zimmertemperatur fermentiert der Kombucha schneller. Sollte Ihnen die Fermentation zu schnell voranschreiten, können Sie den Kombucha an einen kühleren Ort stellen. Schmeckt der Kombucha zu bitter, liegt dies an dem Tee, hier sollte noch einmal genau auf die Teesorte und die richtige Zubereitung geachtet werden.

Muss der Kombuchapilz abgespült werden?

Der Kombuchapilz sollte nicht abgespült oder abgewaschen werden, da es die Kulturen schwächen könnte.

Warum schwimmt der Kombuchapilz nicht oben?

Schwimmt der Kombuchapilz nicht mehr oben, ist das nicht schlimm. In der Regel bildet sich bald ein neuer Scoby an der Oberfläche, manchmal steigt auch der alte nach einiger Zeit wieder auf.

Sind ein brauner Bodensatz und Fäden im Kombucha normal?

Im Laufe der Fermentation bilden sich oft Hefeschlieren, diese sehen wie dickere längliche Fäden aus, auch ein brauner Satz am Boden kann sich bilden, beides ist völlig normal.

Was tun, wenn sich eine Schicht auf der Oberfläche des Kombuchas absetzt?

Manchmal bildet der Kombuchapilz ein Loch in der Mitte, aus dem Schaum austritt, oder es ist so etwas Schaum auf der Oberfläche, beides ist völlig normal und entsteht während des Brauvorganges. Bildet der Kombucha einen neuen Scoby an der Oberfläche, macht sich dies durch eine sehr dünne weiße Schicht an der Oberfläche bemerkbar, oft wird diese Schicht für Schimmel gehalten, im Laufe des Fermentationsprozesses wird diese Schicht jedoch immer dicker und lässt einen Kombuchapilz erkennen. Sollte die Schicht pelzig sein oder andere Farben als Weiß besitzen, handelt es sich meist um Schimmel, in jeden Fall sollte der komplette Kombucha dann mitsamt Scoby entsorgt werden. Eine pudrige oder faltige weiße Schicht spricht für Kahmhefe. Kahmhefe ist nicht gesundheitsschädlich, beeinflusst jedoch den Geschmack und ist unerwünscht, da sie nicht zu der Kombuchakultur gehört. Der infizierte Kombuchapilz kann entsorgt und die Kahmhefe kann abgeschöpft werden. Die restliche Flüssigkeit bildet dann im Idealfall einen neuen Scoby und bleibt frei von Kahmhefe.

Kann ich mit dem Kombucha pausieren?

Wenn Sie in den Urlaub fahren und einmal keine Lust oder Zeit haben, um sich um den Kombucha zu kümmern, ist das kein Problem. Lassen Sie den Kombucha mit Flüssigkeit einfach in seinem Gärgefäß, so kann er bis zu einem Monat aushalten, idealerweise könnte er auch an einen kühleren Standort gestellt werden. Nach ca. einem Monat ist aus der Kombuchaflüssigkeit Essig geworden, der für Salatdressings etc. weiterverwendet werden kann. Um einen längeren Zeitraum zu pausieren, kann der Kombucha-Ansatz auch im Kühlschrank aufbewahrt werden. Hierfür wird der Kombuchapilz mit der Ansatzflüssigkeit in ein Schraubglas gegeben und verschlossen, so hält er im Kühlschrank für mehrere Monate aus. Nach einer Pause benötigen die Kulturen wieder etwas Zeit, um sich zu reaktivieren. In diesem Fall sollte nur ein kleiner Ansatz mit grünem Tee und Rohrzucker angesetzt werden. Besonders bei Pausen im Kühlschrank kann es ein paar Ansätze dauern, bis der Kombucha erneut zu voller Stärke kommt und seinen typischen Geschmack wiedererlangt. Kombucha bildet unablässig neue Scobys, es ist durchaus praktisch, einen Ersatz-Scoby im Kühlschrank zu haben, für den Fall, dass ein anderer verstirbt oder verunreinigt wird.

Lebt mein Kombuchapilz noch?

Um zu sehen, ob die Mikroorganismen noch leben, sollte ein klassischer Ansatz aus Grüntee und Rohrzucker verwendet werden. Geben Sie der Kombuchakultur 1-2 Wochen Zeit und achten Sie auf die typischen Fermentationsmerkmale. Wächst der Kombuchapilz nicht, ist keine Bewegung oder Veränderung in der Flüssigkeit erkennbar oder ist der Geschmack stark verändert, sind die Kulturen tot und sollten entsorgt werden.

Die folgenden Nährwerte beziehen sich auf einen Ansatz zu Beginn der Fermentation, mit dem Voranschreiten der Fermentation verringert sich der Zucker.

Klassischer Ansatz mit Tee

Kombucha ist perfekt auf den Tee der Camellia sinensis angepasst. Aus dieser Pflanze stammen Grüner Tee, Schwarzer Tee, Weißer Tee, aber auch der O-long-Tee und Pu-Erh-Tee. Auf diese Teesorten sollte immer wieder zurückgegriffen werden, um die Kombuchakultur auf lange Sicht gesund zu halten. Es schadet aber nicht, immer mal für ein paar Ansätze andere Teesorten, wie Früchte- oder Kräutertees, zu verwenden.

KOMBUCHA MIT GRÜNEM TEE

Diesen Kombucha können Sie für alle weiteren Kombucha Rezepte verwenden, wenn es heißt ‚aus Erstfermentation'

 4 Port.

 5-10 Tage

 Leicht

Zutaten

Für die Erstfermentation:
1 Kombuchapilz
150 ml fertigen Kombucha (Ansatzflüssigkeit)
8 g Grüner Tee
80 g Rohrzucker
1 l Wasser

Nährwerte p. P.

80 kcal
20 g Kohlenhydrate
0 g Fett
0 g Eiweiß

1 Bringen Sie die Hälfte des Wassers zum Kochen und lassen Sie es anschließend für 5 Minuten auf 80 °C herunterkühlen.

2 Geben Sie Zucker und Tee (den Tee in Beutelform oder in einem Tee-Ei) hinzu. Lassen Sie den Tee 3-7 Minuten ziehen.

3 Entfernen Sie anschließend den Teebeutel oder das Tee-Ei. Gießen Sie den Liter warmen Tee zu dem restlichen kalten Wasser, dadurch ist der Tee schneller abgekühlt.

4 Sobald der Tee nur noch lauwarm ist, kann der Kombuchapilz mit dem fertigen Kombucha hinzu.

5 Verschließen Sie das Gefäß mit einem Tuch und lassen Sie den Kombucha für 5-10 Tage ruhen.

Die Teeblätter für den Grünen Tee werden direkt nach der Ernte kurz erhitzt, dadurch fermentieren sie nicht und behalten ihre grüne Farbe. Grüner Tee behält durch diesen Prozess viele seiner wertvollen Vitamine und Gerbstoffe. Grüner Tee ist besonders wertvoll, da er die Substanz Epigallocatechin-3-Gallat enthält. Sie wirkt sich positiv auf den Cholesterinspiegel aus und kann das Immunsystem stärken sowie das Wachstum von Krebszellen verlangsamen. Grüner Tee enthält Teein und wirkt belebend. Kombucha-Scobys werden unterschiedlich dick, wenn sie nur mit Grünem Tee angesetzt werden. Eine optimale Mischung für Kombucha besteht aus 80 % Grünem Tee und 20 % Schwarzem Tee.

Tipp: Grüner Tee wird beim Kochen schnell bitter, ein Kaltwasser-Auszug löst weniger Bitterstoffe. Geben Sie für eine mildere Variante den Grünen Tee in kaltes Wasser und lassen Sie ihn über Nacht ziehen.

KOMBUCHA MIT SCHWARZEM TEE

4 Port. 5-10 Tage Leicht

Zutaten

1 Kombuchapilz
150 ml fertiger Kombucha (Ansatzflüssigkeit)
1 l Wasser
rund 10-15 g Tee
80 g Kandis
1 EL Melasse

Nährwerte p. P.

88 kcal
22 g Kohlenhydrate
0 g Fett
0 g Eiweiß

1 Bringen Sie 300 ml des Wassers zum Kochen.

2 Geben Sie Kandis und Melasse, sowie den Tee (den Tee in Beutelform oder in einem Tee-Ei) hinzu. Lassen Sie den Tee 3-5 Minuten ziehen.

3 Entfernen Sie anschließend den Teebeutel oder das Tee-Ei. Gießen Sie den warmen Tee zu dem restlichen kalten Wasser, dadurch ist der Tee schneller abgekühlt.

4 Sobald der Tee nur noch lauwarm ist, kann der fertige Kombucha mit dem Kombuchapilz hinzu.

5 Verschließen Sie das Gefäß mit einem Tuch und lassen Sie den Kombucha für 5-10 Tage ruhen.

Die Blätter des Grünen Tees werden für die Herstellung des Schwarzen Tees fermentiert. Bei diesem Prozess gehen viele Gerbstoffe verloren, dadurch schmeckt Schwarzer Tee nicht so bitter wie Grüner Tee, zudem bekommt der Schwarze Tee dadurch seinen ganz besonderen Geschmack. Schwarzer Tee ist durch den Fermentationsprozess besonders reich an Teein, Teein hat die gleiche Wirkung wie Koffein, aber den Vorteil, dass die belebende Wirkung sanfter ist und über einen längeren Zeitraum anhält. Zudem kann Schwarzer Tee die Durchblutung und den Blutdruck verbessern. In Schwarzem Tee gedeihen die Kombuchakulturen am besten.

KOMBUCHA MIT WEIẞEM TEE

4 Port. | 5-10 Tage | Leicht

Zutaten

1 Kombuchapilz
150 ml fertigen Kombucha (Ansatzflüssigkeit)
8 g weißer Tee
80 g Rohrzucker
1 l Wasser

Nährwerte p. P.

80 kcal
20 g Kohlenhydrate
0 g Fett
0 g Eiweiß

1 Bringen Sie die Hälfte des Wassers zum Kochen, lassen Sie es anschließend für 5 Minuten auf 80 °C herunterkühlen.

2 Geben Sie Zucker und Tee (den Tee in Beutelform oder in einem Tee-Ei) hinzu. Lassen Sie den Tee 10 Minuten ziehen.

3 Entfernen Sie anschließend den Teebeutel oder das Tee-Ei. Gießen Sie den warmen Tee zu dem restlichen kalten Wasser, dadurch ist der Tee schneller abgekühlt.

4 Sobald der Tee nur noch lauwarm ist, kann der Kombuchapilz mit dem fertigen Kombucha hinzu.

5 Verschließen Sie das Gefäß mit einem Tuch und lassen Sie den Kombucha für 5-10 Tage ruhen.

Für die Herstellung des Weißen Tees werden nur die jüngsten und feinsten Blätter verwendet und anschließend schonend getrocknet. Durch dieses schonende Verfahren bleiben besonders viele der gesunden Inhaltsstoffe enthalten. Weißem Tee wird eine kühlende Eigenschaft zugeschrieben. Kombucha aus Weißem Tee ist wunderbar für heiße Tage geeignet. Kombucha, der regelmäßig mit Weißem Tee angesetzt wird, entwickelt häufig nicht mehr sein typisches kräftig-säuerliches Aroma. Es ist sinnvoll, den Weißen Tee besonders lange ziehen zu lassen, um mehr von seinen nährenden Inhaltsstoffen herauszufiltern.

KOMBUCHA MIT OOLONG-TEE

4 Port.

5-10 Tage

Leicht

Zutaten

1 Kombuchapilz mit 150 ml fertigen Kombucha (Ansatzflüssigkeit)
8-10 g Oolong-Tee
80 g Rohrzucker
1 l Wasser

Nährwerte p. P.

80 kcal
20 g Kohlenhydrate
0 g Fett
0 g Eiweiß

1 Bringen Sie das Wasser zum Kochen, lassen Sie es anschließend für 5 Minuten auf 80 °C herunterkühlen.

2 Geben Sie Zucker und Tee (den Tee in Beutelform oder in einem Tee-Ei) hinzu. Lassen Sie den Tee 1-3 Minuten ziehen.

3 Entfernen Sie anschließend den Teebeutel oder das Tee-Ei. Lassen Sie den Tee auf Zimmertemperatur abkühlen.

4 Sobald der Tee nur noch lauwarm ist, kann der fertige Kombucha mit Kombuchapilz hinzu.

5 Verschließen Sie das Gefäß mit einem Tuch und lassen Sie den Kombucha für 5-10 Tage ruhen.

Oolong-Tee ist halb vergorener Tee, sozusagen die Zwischenstufe von Grünem und Schwarzem Tee. Kombucha auf Oolong-Tee-Basis soll bei regelmäßiger Anwendung Allergikern helfen. Kombucha aus Oolong-Tee soll eine grasige Note entwickeln.

KOMBUCHA MIT PU-ERH-TEE

4 Port. 5-10 Tage Leicht

Zutaten

1 Kombuchapilz mit 150 ml fertigen Kombucha (Ansatzflüssigkeit)
10 g Pu-Erh-Tee
80 g Rohrzucker
1 l Wasser

Nährwerte p. P.

80 kcal
20 g Kohlenhydrate
0 g Fett
0 g Eiweiß

1 Bringen Sie 500 ml des Wassers zum Kochen.

2 Geben Sie Zucker und Tee (den Tee in Beutelform oder in einem Tee-Ei) hinzu. Lassen Sie den Tee 3-5 Minuten ziehen.

3 Entfernen Sie anschließend den Teebeutel oder das Tee-Ei. Gießen Sie den warmen Tee zu dem restlichen kalten Wasser, dadurch ist der Tee schneller abgekühlt.

4 Sobald der Tee nur noch lauwarm ist, kann der fertige Kombucha mit dem Kombuchapilz hinzu.

5 Verschließen Sie das Gefäß mit einem Tuch und lassen Sie den Kombucha für 5-10 Tage ruhen.

Pu-Erh-Tee ist Schwarzer Tee, der so zusammengerollt wird, dass er aneinanderhängt. So wird er unterirdisch ein zweites Mal fermentiert, sein Geschmack wird dadurch milder als bei dem Schwarzen Tee. Pu-Erh-Tee soll den Appetit hemmen und kann somit das Abnehmen unterstützen.

Jun-Tee

Jun-Tee wird aus einer Jun-Kombucha-Kultur mit Honig und Grünem Tee angesetzt. Jun-Tee ist im Geschmack nicht ganz so kräftig wie herkömmlicher Kombucha. Der Jun-Kombucha fermentiert auch nicht so lange, häufig ist er bereits nach 3 Tagen fertig und das auch bei niedrigeren Temperaturen, bereits ab 18 °C ist eine normale Fermentationsgeschwindigkeit möglich. Jun-Tee besitzt mehr Alkohol als Kombucha und kann schon einmal auf 5 % kommen, auch produziert er seltener Ableger, daher sind „Junpilze" besonders wertvoll.

Damit der Jun-Ansatz wirklich gelingt, ist es am besten, eine Jun-Kultur zu kaufen. Mit viel Geduld und etwas Glück kann aber auch ein herkömmlicher Kombuchapilz an die Honig-Diät gewöhnt werden. Verwenden Sie dafür hochwertigen rohen Honig und ersetzen Sie nach und nach Teile des Schwarzen Tees mit Grünem Tee und Teile des Zuckers mit Honig.

JUN-TEE

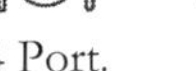

4 Port. | 3-4 Tage | Leicht

Zutaten

1 l Wasser
Grüner Tee
60-80 g Honig
1 Jun-Scoby +
150 ml fertigen Jun-Tee

Nährwerte p. P.

67 kcal
16 g Kohlenhydrate
0 g Fett
0 g Eiweiß

1 Bereiten Sie den Grünen Tee nach Packungsanleitung zu.

2 Lösen Sie den Honig in dem noch warmen Tee auf.

3 Geben Sie den Scoby mit dem fertigen Jun-Tee in den lauwarmen Tee.

4 Lassen Sie den Jun-Tee 3-4 Tage fermentieren.

Kombucha mit Kaffee ansetzen

Die Kaffeebohne enthält wie die Teepflanze auch reichlich Gerbstoffe und Mineralien, die der Kombuchakultur als Nahrung dienen. Es ist also gut möglich, Kombucha mit Kaffee statt mit Tee anzusetzen. Hier kommen einige Kombuchakulturen besser zurecht als andere, da sich die Mikrobenkulturen oft etwas voneinander unterscheiden. Für einen Ansatz mit Kaffee sollte der Ableger eines Kombuchapilzes verwendet werden, da der Scoby den Kaffeegeschmack schnell annimmt und für mehrere Ansätze behält. Um die probiotische Wirkung des Kombuchas beizubehalten, sollte der Kombucha-Kaffee kalt getrunken werden. Er ist also ideal für die warme Jahreszeit geeignet.

KAFFEE-KOMBUCHA

5 Port.

7 Tage

Leicht

Zutaten

Kombuchapilz mit
200 ml fertigen Kombucha (Ansatzflüssigkeit)
1 l Kaffee
90 g Zucker

Nährwerte p. P.

85 kcal
21 g Kohlenhydrate
0 g Fett
0 g Eiweiß

1 Brühen Sie den Kaffee und lösen Sie den Zucker darin auf.

2 Sobald der Kaffee abgekühlt ist, können Sie diesen mit dem Kombucha und dem Kombuchapilz vermischen.

3 Lassen Sie den Mix eine Woche bei Zimmertemperatur ziehen.

Alternative Teesorten

Diese Teesorten sind ebenfalls für Kombucha geeignet, jedoch sollte der Kombuchakultur immer mal wieder ein Teeansatz aus den klassischen Ansätzen gegönnt werden.

KOMBUCHA MIT JASMIN-TEE

4 Port. | 5-10 Tage | Leicht

Zutaten

1 Kombuchapilz mit
150 ml fertigen Kombucha (Ansatzflüssigkeit)
20 g Jasmin-Tee
80 g Rohrzucker
1 l Wasser

Nährwerte p. P.

80 kcal
20 g Kohlenhydrate
0 g Fett
0 g Eiweiß

1 Bringen Sie das Wassers zum Kochen, lassen Sie es anschließend für 5 Minuten auf 80 °C herunterkühlen.

2 Geben Sie Zucker und Tee (den Tee in Beutelform oder in einem Tee-Ei) hinzu. Lassen Sie den Tee 2 Minuten ziehen.

3 Entfernen Sie anschließend den Teebeutel oder das Tee-Ei. Lassen Sie den Tee auf Zimmertemperatur abkühlen.

4 Sobald der Tee nur noch lauwarm ist, kann der fertige Kombucha mit dem Kombuchapilz hinzu.

5 Verschließen Sie das Gefäß mit einem Tuch und lassen Sie den Kombucha für 5-10 Tage ruhen.

Tipp: Achten Sie bei dem Kauf von Jasminblüten darauf, dass der Tee keine weiteren Zusätze hat. Jasmin-Kombucha soll besonders gut schmecken und hat eine leichte blumige Geschmacksnote. Mischen Sie Jasminblüten mit Grünem Tee, um eine gute Nährgrundlage für die Kombuchakulturen zu erreichen.

KOMBUCHA MIT ROOIBOS-TEE

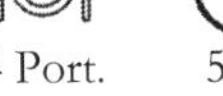

4 Port. 5-10 Tage Leicht

Zutaten

1 Kombuchapilz mit 150 ml fertigem Kombucha (Ansatzflüssigkeit)
12 g Rooibos-Tee
80 g Rohrzucker
1 l Wasser

Nährwerte p. P.

80 kcal
20 g Kohlenhydrate
0 g Fett
0 g Eiweiß

1 Bringen Sie 300 ml des Wassers zum Kochen.

2 Geben Sie Zucker und Tee (den Tee in Beutelform oder in einem Tee-Ei) hinzu. Lassen Sie den Tee 5-8 Minuten ziehen.

3 Entfernen Sie anschließend den Teebeutel oder das Tee-Ei. Gießen Sie den warmen Tee zu dem restlichen kalten Wasser, dadurch ist der Tee schneller abgekühlt.

4 Sobald der Tee nur noch lauwarm ist, kann der fertige Kombucha mit dem Kombuchapilz hinzu.

5 Verschließen Sie das Gefäß mit einem Tuch und lassen Sie den Kombucha für 5-10 Tage ruhen.

Rooibos-Tee gehört zu den Kräutertees, er ist koffeinfrei. Kombucha kann problemlos immer mal wieder mit Rooibos angesetzt werden, benötigt aber zwischenzeitlich wieder Ansätze mit Tee aus der Teepflanze Camellia sinensis.

Tipp: Rooibos-Tee enthält keine Gerbstoffe und kann daher lange ziehen, ohne bitter zu werden. Dadurch lässt sich der Geschmack intensivieren.

Kombucha mit Blüten

KOMBUCHA MIT HIBISKUS

12 Port.

6-10 Tage

Leicht

Zutaten

1 Kombuchapilz mit 350 ml fertigen Kombucha (Ansatzflüssigkeit)
3 TL Schwarzer Tee
3 TL Grüner Tee
1-2 TL Hibiskusblüten oder Tee
¼ Tasse Zucker
3 l Wasser

Nährwerte p. P.

41 kcal
10 g Kohlenhydrate
0 g Fett
0 g Eiweiß

1 Bringen Sie Wasser zum Kochen.

2 Geben Sie den Tee und die Hibiskusblüten in das kochende Wasser, lassen Sie den Tee 10 Minuten ziehen.

3 Lösen Sie den Zucker in dem Tee auf.

4 Sobald der Tee auf Zimmertemperatur abgekühlt ist, geben Sie den fertigen Kombucha mit dem Kombuchapilz hinzu.

5 Lassen Sie den Kombucha 6-10 Tage fermentieren.

KOMBUCHA MIT LAVENDEL

12 Port.

3 Tage

Leicht

Zutaten

2 l Kombucha aus einer Erstfermentation
3 EL getrocknete Lavendelknospen
2 Teebeutel Schwarztee
4 EL Zucker
1 l Wasser

Nährwerte p. P.

66 kcal
15 g Kohlenhydrate
0 g Fett
1 g Eiweiß

1 Bringen Sie das Wasser zum Kochen. Sobald das Wasser kocht, geben Sie den Schwarztee, Zucker und die Lavendelblüten in das heiße Wasser.

2 Entfernen Sie nach 15 Minuten den Schwarztee.

3 Sobald der Tee abgekühlt ist, geben Sie ihn zu dem Kombucha und lassen alles für 3 Tage ziehen.

KOMBUCHA MIT HOLUNDERBLÜTEN

3 Port.

1-3 Tage

Leicht

Zutaten

3 frische Holunderblüten-Dolden
½ Orange
750 ml Kombucha nach der Erstfermentation

Nährwerte p. P.

84 kcal
18 g Kohlenhydrate
1 g Fett
2 g Eiweiß

1 Schütteln Sie die Holunderblüten vorsichtig, um sie von Insekten zu befreien.

2 Schneiden Sie die Orange in Scheiben.

3 Geben Sie alle Zutaten in ein geeignetes Gefäß und lassen Sie den Sud 1-3 Tage ziehen.

KOMBUCHA MIT ROSEN

10 Port.

10-15 Tage

Leicht

Zutaten

1 Kombuchapilz mit 350 ml fertigen Kombucha (Ansatzflüssigkeit)
1 Teebeutel Grüner Tee
180 g Zucker
40 g Honig
3 große Rosenblüten
10-20 reife Erdbeeren
2 ½ l Wasser

Nährwerte p. P.

80 kcal
20 g Kohlenhydrate
0 g Fett
0 g Eiweiß

1 Bereiten Sie den Tee in dem Wasser nach Packungsbeilage vor.

2 Lösen Sie Zucker und Honig in dem Wasser auf. Lassen Sie den Tee auf Zimmertemperatur abkühlen.

3 Waschen und würfeln Sie die Erdbeeren.

4 Zupfen Sie die Rosenblätter.

5 Vermengen Sie alle Zutaten miteinander und lassen Sie den Kombucha für 10-15 Tage fermentieren.

Tipp: Verwenden Sie die Rosen aus dem eigenen Garten oder die Rosen wild wachsender Hagebutten. Rosen aus Blumenläden sind gespritzt und daher gesundheitsschädlich.

HIBISKUS KOMBUCHA MIT EIWEIß

4 Port. 5 Min. Leicht

Zutaten

300 ml Kombucha aus einer Erstfermentation
2 EL Hibiskussirup
30 ml Eiweiß
600 ml kalter Hibiskus-Tee

Nährwerte p. P.

44 kcal
9 g Kohlenhydrate
0 g Fett
3 g Eiweiß

1 Vermengen Sie alle Zutaten miteinander.

2 Genießen Sie das Getränk kalt.

Kombucha mit Früchten

KOMBUCHA MIT HIMBEEREN

6 Port. | 2 Std. 5 Min. | Leicht

Zutaten

350 ml Kombucha aus Erstfermentation
500 ml Weißwein oder Traubensaft
200 ml Sekt oder Sprudelwasser
300 g Himbeeren (tiefgefroren)
1 Orange (Bio)
2-3 Zweige Minze oder Rosmarin

Nährwerte p. P.

87 kcal
9 g Kohlenhydrate
0 g Fett
1 g Eiweiß

1 Waschen Sie die Kräuter und schneiden Sie die Orange in Scheiben.

2 Vermengen Sie alle Zutaten außer dem Kombucha miteinander und lassen Sie alles für 2 Stunden ziehen.

3 Geben Sie vor dem Trinken den Kombucha hinzu.

KOMBUCHA MIT HEIDELBEEREN

2 Port.

2 Tage

Leicht

Zutaten

500 ml fertig fermentierter Kombucha
2-3 EL Tiefkühl-Heidelbeeren

Nährwerte p. P.

88 kcal
18 g Kohlenhydrate
1 g Fett
2 g Eiweiß

1 Vermengen Sie beide Zutaten und lassen Sie alles für 2 Tage fermentieren.

BROMBEER-VANILLE-KOMBUCHA

4 Port. | 3-10 Tage | Leicht

Zutaten

1 l Kombucha aus einer ersten Gärung
100 g Tiefkühl-Brombeeren
1 EL Zucker
½ TL Vanille

Nährwerte p. P.

101 kcal
21 g Kohlenhydrate
1 g Fett
2 g Eiweiß

1 Vermengen Sie alle Zutaten miteinander.

2 Lassen Sie den Kombucha für 3-10 Tage ruhen.

KOMBUCHA VANILLE-ORANGE

7 Port.

3-10 Tage

Leicht

1 Vermengen Sie alle Zutaten miteinander.

2 Lassen Sie den Kombucha für 3-10 Tage ruhen.

Zutaten

1 ½ l Kombucha aus einer ersten Gärung
120 ml Orangensaft
½ TL Vanilleextrakt

Nährwerte p. P.

74 kcal
16 g Kohlenhydrate
1 g Fett
2 g Eiweiß

KOMBUCHA MIT KIWI

8 Port. | 3-10 Tage | Leicht

Zutaten

2 l Kombucha aus einer ersten Gärung
1 Kiwi
1 Handvoll frischer Spinat
2 TL Moringa oleifera
2 EL frischer Ingwer

Nährwerte p. P.

91 kcal
18 g Kohlenhydrate
1 g Fett
2 g Eiweiß

1 Schälen Sie Kiwi und Ingwer. Geben Sie beides mit dem Moringa oleifera und einem Schuss Kombucha in einen Mixer.

2 Pürieren Sie das Ganze zu einem Brei.

3 Vermengen Sie Brei und Kombucha und lassen Sie alles 3-10 Tage fermentieren.

HOLUNDER-ERDBEER-KOMBUCHA

6 Port. | 4 ½ Tage | Leicht

Zutaten

Für die Erstfermentation:
500 ml Holundersirup
1 l Wasser
1 Kombuchapilz mit 150 ml fertigen Kombucha (Ansatzflüssigkeit)

Für die Zweitfermentation:
2 Handvoll frische Erdbeeren

Nährwerte p. P.

239 kcal
59 g Kohlenhydrate
0 g Fett
1 g Eiweiß

1 Vermengen Sie alle Zutaten für die Erstfermentation miteinander.

2 Lassen Sie den Kombucha für 4 Tage fermentieren.

3 Gießen Sie den fertigen Kombucha ab.

4 Waschen und würfeln Sie die Erdbeeren und geben Sie diese in den fermentierten Kombucha.

5 Lassen Sie die Erdbeeren für 8-12 Stunden in dem Kombucha.

ERDBEER-INGWER-KOMBUCHA

2 Port.

2 Tage

Leicht

Zutaten

500 ml fertig fermentierter Kombucha
eine Handvoll frische Erdbeeren
2 EL gefrorene Erdbeeren
1 mittlere Ingwerwurzel
1 Teebeutel Grüner Tee

Nährwerte p. P.

106 kcal
21 g Kohlenhydrate
1 g Fett
2 g Eiweiß

1 Bereiten Sie den Grünen Tee nach Packungsbeilage mit 250 ml Wasser zu.

2 Waschen und würfeln Sie die Erdbeeren und den Ingwer.

3 Vermengen Sie den abgekühlten Tee mit den restlichen Zutaten.

4 Lassen Sie den Erdbeer-Kombucha für 2 Tage im Kühlschrank fermentieren.

KOMBUCHA MIT WEIHNACHTLICHEM APFEL

8 Port.

3-10 Tage

Leicht

Zutaten

2 l Kombucha aus einer ersten Gärung
1 Apfel
2 Zimtstangen

Nährwerte p. P.

89 kcal
19 g Kohlenhydrate
1 g Fett
2 g Eiweiß

1 Schälen und würfeln Sie den Apfel.

2 Vermengen Sie alle Zutaten miteinander und lassen Sie alles für 3-10 Tage ziehen.

KOMBUCHA PFLAUME-ZIMT

15 Port.

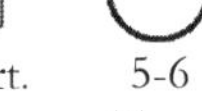
5-6 Tage

Leicht

Zutaten

Für die Erstfermentation:

1 kg reife Zwetschgen oder Pflaumen
3 l Wasser
250 g Zucker
1 Kombuchapilz mit 200 ml fertigen Kombucha (Ansatzflüssigkeit)

Für die Zweitfermentation:

3 Zimtstangen
1 ½ Sternanis
3 Kapseln Kardamom oder etwa 12 Kerne

Nährwerte p. P.

99 kcal
24 g Kohlenhydrate
0 g Fett
0 g Eiweiß

1 Waschen und entsteinen Sie die Pflaumen.

2 Geben Sie Pflaumen, Zucker und Wasser in einen Topf und lassen Sie alles so lange einkochen, bis der Sirup auf ca. 2 Liter reduziert ist. Lassen Sie die Masse etwas abkühlen und passieren Sie sie anschließend durch ein feines Sieb, entsorgen Sie die ausgesiebten Schalenreste.

3 Geben Sie den abgekühlten Pflaumensirup mit dem fertigen Kombucha, Kombuchapilz und der Ansatzflüssigkeit in ein geeignetes Gefäß. Lassen Sie die Soße 3-4 Tage ziehen.

4 Sieben Sie den fermentierten Pflaumenkombucha ab und füllen Sie ihn in Bügelflaschen, um Kohlensäure aufzubauen.

5 Geben Sie die Gewürze mit in die Flaschen und lassen Sie alles erneut für 2 Tage ziehen, kontrollieren Sie dabei den Druck.

KOMBUCHA GRANATAPFEL

6 Port.

8-9 Tage

Leicht

Zutaten

Für die Erstfermentation:
1 l Wasser
2 EL Schwarz- oder Grüntee
80 g Zucker
1 Kombuchapilz
100 ml fertigen Kombucha (Ansatzflüssigkeit)

Für die Zweitfermentation:
3 Granatäpfel
1 EL Granatapfelsirup

Nährwerte p. P.

85 kcal
18 g Kohlenhydrate
1 g Fett
1 g Eiweiß

1 Bringen Sie Wasser zum Kochen und bereiten Sie den Tee nach Packungsanleitung zu. Lösen Sie den Zucker in dem warmen Tee auf.

2 Geben Sie den abgekühlten Tee mit dem fertigen Kombucha und dem Kombuchapilz in ein Gefäß. Lassen Sie den Sud für eine Woche ziehen.

3 Sieben Sie den Kombucha anschließend ab.

4 Halbieren Sie die Granatäpfel und pressen Sie den Saft aus. Vermengen Sie Granatapfelsaft, -sirup und Kombucha miteinander. Füllen Sie das Getränk in Flaschen ab.

5 Lassen Sie die Flaschen für 1-2 Tage bei Raumtemperatur stehen.

6 Sobald Geschmack und Kohlensäure stimmen, ist die Kombuchalimonade fertig.

ROSMARIN-GRAPEFRUIT-KOMBUCHA

4 Port.

5 Tage

Leicht

Zutaten

1 l Kombucha aus Erstfermentation
2 frische Rosmarinzweige
½ Tasse frisch gepresster Grapefruitsaft

Nährwerte p. P.

89 kcal
20 g Kohlenhydrate
1 g Fett
1 g Eiweiß

1 Geben Sie alle Zutaten in ein Gefäß und lassen Sie es für 5 Tage fermentieren.

KOMBUCHA MIT GRAPEFRUIT

2 Port.

4-7 Tage

Leicht

Zutaten

2 Grapefruits
2 TL brauner Zucker
500 ml Kombucha aus einer Erstfermentation

Nährwerte p. P.

177 kcal
38 g Kohlenhydrate
1 g Fett
4 g Eiweiß

1 Pressen Sie die Grapefruits aus.

2 Lösen Sie den Zucker im Grapefruitsaft auf und gießen Sie alles zu dem Kombucha. Lassen Sie den Kombucha erneut für 4-7 Tage fermentieren.

PFIRSICH-MINZ-KOMBUCHA

14 Port. | 1-3 Tage | Leicht

Zutaten

3 l Kombucha aus einer Erstfermentation
1 Tasse Pfirsiche, geschält und gewürfelt
2 EL Minzblätter, gehackt
2 EL Zucker
1 ½ Tassen Wasser

Nährwerte p. P.

78 kcal
17 g Kohlenhydrate
1 g Fett
2 g Eiweiß

1 Vermengen Sie Pfirsichwürfel, Minzblätter, Zucker und Wasser in einem Topf miteinander.

2 Lassen Sie alles aufkochen und für 15 Minuten köcheln. Zerdrücken Sie dabei immer wieder die Pfirsiche, bis ein Sirup entsteht.

3 Lassen Sie den Sirup abkühlen.

4 Vermengen Sie ihn anschließend mit dem Kombucha und lassen Sie das Gemisch für 1-3 Tage fermentieren.

PFIRSICH-KOMBUCHA

3 Port.

1-2 Tage

Leicht

Zutaten

Für die Fermentation:
4 reife Pfirsiche
300 ml gut gekühlter Kombucha aus Erstfermentation

Zum Servieren:
80 ml Triple Sec
300 ml Sekt (trocken)

Nährwerte p. P.

180 kcal
23 g Kohlenhydrate
1 g Fett
2 g Eiweiß

1 Waschen und würfeln Sie die Pfirsiche und geben Sie sie in den Kombucha.

2 Lassen Sie den Kombucha für 1-2 Tage fermentieren.

3 Kühlen Sie den Kombucha und gießen Sie ihn mit den restlichen Zutaten auf.

KOMBUCHA MIT BANANE

8 Port.

1 Tag

Leicht

Zutaten

150 ml Schwarztee
1 reife Banane
5 ml Vanilleextrakt
2 l Kombucha aus einer Erstfermentation

Nährwerte p. P.

100 kcal
22 g Kohlenhydrate
1 g Fett
2 g Eiweiß

1 Würfeln Sie die Banane.

2 Vermengen Sie alle Zutaten miteinander und lassen Sie alles für 12 Stunden fermentieren.

Tipp: Die Bananenstücke eignen sich hervorragend zum Backen von Bananenbrot oder Muffins.

KOMBUCHA MIT MELONE

3 Port. | 1-5 Tage | Leicht

Zutaten

1 Tasse Cantaloupe-Melone
½ TL Ingwer
500 ml Kombucha aus Erstfermentation

Nährwerte p. P.

70 kcal
15 g Kohlenhydrate
0 g Fett
2 g Eiweiß

1 Würfeln Sie das Fruchtfleisch der Melone.

2 Reiben Sie den Ingwer.

3 Vermengen Sie alle Zutaten miteinander und lassen Sie es für 1-5 Tage ziehen.

KOMBUCHA MIT PFIRSICH UND THYMIAN

2 Port.

1 Std.
5 Min.

Leicht

Zutaten

150 ml Kombucha aus einer Erstfermentation
2 kleine Zweige Thymian
1 Pfirsich
nach Wunsch Ahornsirup oder Agavendicksaft und einen Spritzer Zitrone
3-4 Eiswürfel

Nährwerte p. P.

51 kcal
11 g Kohlenhydrate
0 g Fett
1 g Eiweiß

1 Schneiden Sie den Pfirsich in dünne Streifen.

2 Vermengen Sie alle Zutaten bis auf die Eiswürfel miteinander und lassen Sie diese für mindestens 1 Stunde ziehen.

3 Servieren Sie das Ganze mit Eiswürfeln.

KOMBUCHA BLUTORANGE

4 Port.

2-3 Tage

Leicht

Zutaten

6 EL frisch gepresster Blutorangensaft (aus 1-2 Blutorangen)
6 Blätter frisches Basilikum
2 Zweige frischer Thymian
1 l Kombucha aus einer Erstfermentation

Nährwerte p. P.

83 kcal
18 g Kohlenhydrate
1 g Fett
2 g Eiweiß

1 Vermengen Sie alle Zutaten miteinander und lassen Sie diese für 2-3 Tage fermentieren.

Kombucha mit Gewürzen

PFEFFRIGER KOMBUCHA MIT ORANGE

4 Port.

3 Tage

Leicht

Zutaten

1 l Kombucha aus einer Erstfermentation
½ TL Pfeffer
½ Orange

Nährwerte p. P.

79 kcal
17 g Kohlenhydrate
1 g Fett
2 g Eiweiß

1 Zerdrücken Sie die Pfefferkörner grob und geben Sie diese in den Kombucha.

2 Vierteln Sie die Orange (Bio-Orangen können mit Schale hinzugegeben werden).

3 Lassen Sie den Kombucha für 3 Tage bei Zimmertemperatur ziehen.

KOMBUCHA MIT KARDAMOM

4 Port.

3 Tage

Leicht

Zutaten

1 l Kombucha aus Erstfermentation
5 Kardamomkapseln

Nährwerte p. P.

78 kcal
16 g Kohlenhydrate
0 g Fett
1 g Eiweiß

1 Zerdrücken Sie die Kardamomkapseln grob und geben Sie diese in den Kombucha.

2 Lassen Sie alles für 3 Tage bei Zimmertemperatur fermentieren.

KOMBUCHA MIT KURKUMA

4 Port.

10 Tage

Leicht

Zutaten

1 l Wasser
8 g Grüner Tee
15 g frische Kurkumawurzel
1 Kombuchapilz mit 150 ml fertigen Kombucha (Ansatzflüssigkeit)
90 g Zucker

Nährwerte p. P.

90 kcal
23 g Kohlenhydrate
0 g Fett
0 g Eiweiß

1 Bereiten Sie den Tee nach Packungsanleitung vor.

2 Lösen Sie den Zucker im Tee auf und lassen Sie diesen auf Zimmertemperatur abkühlen.

3 Reiben Sie die Kurkumawurzel.

4 Vermengen Sie alle Zutaten und lassen Sie alles für 10 Tage fermentieren.

KOMBUCHA MIT ZIMT

4 Port.

3 Tage

Leicht

Zutaten

1 Zimtstange
1 l Kombucha aus Erstfermentation

Nährwerte p. P.

78 kcal
16 g Kohlenhydrate
0 g Fett
1 g Eiweiß

1 Geben Sie die Zimtstange in den Kombucha.

2 Lassen Sie den Kombucha 3 Tage fermentieren.

KOMBUCHA MIT GURKE UND KORIANDER

4 Port.

1-3 Tage

Leicht

Zutaten

1 l Kombucha aus einer Erstfermentation
½ Gurke
2 Zweige Koriander

Nährwerte p. P.

89 kcal
17 g Kohlenhydrate
1 g Fett
2 g Eiweiß

1 Würfeln Sie die Gurke.

2 Vermengen Sie alle Zutaten miteinander und lassen Sie es für 1-3 Tage bei Zimmertemperatur fermentieren.

KOMBUCHA MIT KORIANDER

2 Port.

1-3 Tage

Leicht

Zutaten

2 Tassen Kombucha (aus Erstfermentation)
4 Trauben
4 frische Korianderblätter

Nährwerte p. P.

85 kcal
18 g Kohlenhydrate
1 g Fett
2 g Eiweiß

1 Zerdrücken Sie die Trauben leicht.

2 Vermengen Sie alle Zutaten miteinander und lassen Sie dies 1-3 Tage bei Zimmertemperatur ruhen.

CHILI-KOMBUCHA MIT INGWER

6 Port.

3-10 Tage

Leicht

Zutaten

1 ½ l Kombucha aus einer Erstfermentation
1 daumendickes Stück Ingwer
60 g Honig
2 EL brauner Zucker
½ Chili

Nährwerte p. P.

125 kcal
29 g Kohlenhydrate
1 g Fett
2 g Eiweiß

1 Schälen Sie den Ingwer und geben Sie ihn mit dem Honig, dem Zucker und dem Kombucha in einen Mixer.

2 Pürieren Sie alles zu einem Brei.

3 Entkernen Sie die Chilischote und geben Sie das Fruchtfleisch zu dem Kombucha.

4 Lassen Sie den Kombucha für 3-10 Tage bei Raumtemperatur fermentieren.

KOMBUCHA MIT HOPFEN

6 Port.

9-12 Tage

Leicht

Zutaten

Für die Erstfermentation:
100 g Bio-Rohrzucker
4 Beutel Schwarztee
1 Kombuchapilz mit 200 ml fertigen Kombucha (Ansatzflüssigkeit)
1400 ml Wasser

Für die Zweitfermentation:
1400 ml Kombucha aus der Erstfermentation
70 g trockener Kegelhopfen

Nährwerte p. P.

77 kcal
19 g Kohlenhydrate
0 g Fett
0 g Eiweiß

1 Bereiten Sie den Schwarztee nach Packungsanleitung in 1400 ml Wasser zu. Lösen Sie den Zucker in dem noch warmen Tee auf.

2 Sobald der Tee abgekühlt ist, entfernen Sie die Teebeutel und geben die restlichen Zutaten für die Erstfermentation mit hinzu. Lassen Sie den Kombucha für 7-10 Tage fermentieren.

3 Sieben Sie den fertigen Kombucha ab. Fügen Sie den Hopfen hinzu und lassen Sie ihn für 2 Tage fermentieren. Schütteln Sie das Gefäß dabei immer mal wieder, damit der Hopfen immer wieder mit Flüssigkeit bedeckt wird.

Kombucha mit Kakao

SCHOKOLADEN-KOMBUCHA MIT PFEFFERMINZE

2 Port.

2 Tage

Leicht

Zutaten

500 ml fermentierter Kombucha
2 TL Kakaopulver
½ Stück Zuckerstange

Nährwerte p. P.

82 kcal
53 g Kohlenhydrate
0 g Fett
0 g Eiweiß

1 Zermartern Sie die Zuckerstange mit einem Mixer oder einem Fleischklopfer.

2 Vermengen Sie Kakao, Zuckerstange und Kombucha miteinander und lassen Sie alles für 2 Tage bei Zimmertemperatur fermentieren.

Tipp: Servieren Sie das Getränk mit einer Zuckerstange als Dekoration.

KAKAO-KOMBUCHA

7 Port.

1-5 Tage

Leicht

Zutaten

6 Tassen Kombucha aus der Erstfermentation
½ Tasse Kakaopulver
½ Tasse Ahornsirup

Nährwerte p. P.

94 kcal
27 g Kohlenhydrate
0 g Fett
0 g Eiweiß

1 Vermengen Sie alle Zutaten miteinander und lassen Sie es für 1-5 Tage ziehen.

Kombucha mit Gemüse

KÜRBISKOMBUCHA MIT CHILI

6 Port.

1-5 Tage

Leicht

Zutaten

6 Tassen Kombucha aus der Erstfermentation
100 g Kürbis
1 TL Kürbiskuchen-Gewürz
½ Tasse Ahornsirup

Nährwerte p. P.

107 kcal
24 g Kohlenhydrate
0 g Fett
0 g Eiweiß

1 Schälen und würfeln Sie den Kürbis.

2 Geben Sie die Kürbiswürfel in einen Mixer und pürieren Sie alles zu einem feinen Brei.

3 Vermengen Sie alle Zutaten miteinander und lassen Sie alles für 1-5 Tage ziehen.

Tipp: Kürbiskuchen-Gewürz ist in den USA sehr beliebt, lässt sich aber auch selbst mischen. Verwenden Sie hierfür 4 Teile gemahlenen Zimt, 1 Teil Muskatnuss, 1 Teil Gewürznelken, 1 Teil gemahlenen Ingwer und 1 Teil Piment.

ROTE-BETE-INGWER-KOMBUCHA

6 Port.

3-10 Tage

Leicht

Zutaten

1 ½ l Kombucha aus einer ersten Gärung
1 Rote Bete
2 EL frisch geriebener Ingwer

Nährwerte p. P.

99 kcal
21 g Kohlenhydrate
1 g Fett
2 g Eiweiß

1 Schälen Sie die Rote Bete und den Ingwer.

2 Geben Sie beides in einen Mixer mit einem guten Schuss Kombucha.

3 Pürieren Sie das Gemüse zu einem Brei und vermengen Sie es anschließend mit dem restlichen Kombucha.

4 Lassen Sie den Kombucha für 3-10 Tage bei Zimmertemperatur fermentieren.

KOMBUCHA FENCHEL-RHABARBER

10 Port.

4-14 Tage

Leicht

Zutaten

1 Kombuchapilz mit 400 ml fertigen Kombucha (Ansatzflüssigkeit)
10 Stängel Rhabarber
2 Fenchelknollen
3 ½ l Wasser
1 Msp. Vanillepulver
7 TL Schwarztee
250 g Zucker

Nährwerte p. P.

107 kcal
25 g Kohlenhydrate
0 g Fett
1 g Eiweiß

1 Schneiden Sie Rhabarber und Fenchel in Würfel.

2 Bringen Sie das Wasser zum Kochen, geben Sie die Würfel in das kochende Wasser und lassen Sie diese für 20 Minuten kochen. Seihen Sie das Gemüse anschließend ab und bereiten Sie in dem Sud den Schwarztee nach Packungsanleitung vor.

3 Lösen Sie Zucker und Vanille in dem noch warmen Wasser auf. Sobald der Tee auf Raumtemperatur abgekühlt ist, geben Sie den Kombuchapilz mit dem fertigen Kombucha hinzu.

4 Lassen Sie alles für 4-14 Tage fermentieren.

KOMBUCHACOCKTAIL FENCHEL-RHABARBER

2 Port.

2 Min.

Leicht

Zutaten

150 ml Rhabarber-Fenchel-Kombucha
(Rezept Kombucha Fenchel-Rhabarber)
100 ml Soda
4 cl Gin
Eiswürfel
frische Minze zum Dekorieren

Nährwerte p. P.

71 kcal
5 g Kohlenhydrate
0 g Fett
1 g Eiweiß

1 Verwenden Sie 150 ml Rhabarber-Fenchel-Kombucha aus dem vorherigen Rezept. Vermengen Sie alle Zutaten miteinander.

2 Genießen Sie den Cocktail kalt.

KOMBUCHA MIT MÖHRENSAFT

2 Port.

1-3 Tage

Leicht

1 Vermengen Sie alle Zutaten miteinander und lassen Sie diese für 1-3 Tage fermentieren.

Zutaten

400 ml Kombucha aus der Erstfermentation
6 EL Karottensaft

Nährwerte p. P.

73 kcal
16 g Kohlenhydrate
0 g Fett
0 g Eiweiß

Kombucha-Cocktails

KOMBUCHA SOUR MIT WHISKY

8 Port.

5 Min.

Leicht

Zutaten

750 ml Kombucha aus einer Erstfermentation
250 ml Whisky
2 Limetten
Eiswürfel

Nährwerte p. P.

227 kcal
5 g Kohlenhydrate
0 g Fett
0 g Eiweiß

1 Füllen Sie jedes Glas bis zur Hälfte mit Eiswürfeln.

2 Füllen Sie ¼ des Glases mit Whisky und ¾ mit Kombucha auf.

3 Pressen Sie die Limetten aus und geben Sie in jedes Glas einen Teil des Limettensaftes.

GOLDENER KOMBUCHA MIT GIN

 4 Port.

 4 Std. 10 Min.

Leicht

Zutaten

150 ml Mineralwasser
400 ml Kombucha aus einer Erstfermentation
40 ml Gin
4 Rosmarinzweige
Lebensmittel-Goldpulver

Nährwerte p. P.

56 kcal
7 g Kohlenhydrate
0 g Fett
1 g Eiweiß

1 Streuen Sie das Goldpulver in einen Eiswürfelbehälter. Füllen Sie den Behälter anschließend mit Wasser auf. Geben Sie ihn für mindesten 4 Stunden ins Tiefkühlfach.

2 Sobald die Eiswürfel durchgefroren sind, können Sie die Cocktails mischen.

3 Waschen Sie den Rosmarin und entfernen Sie 4 kleine Zweige als Dekoration für den Cocktail.

4 Vermengen Sie Gin, Kombucha und Mineralwasser und geben Sie alles mit den Eiswürfeln und den Rosmarinzweigen in 4 Gläser.

MARGARITA-KOMBUCHA MIT CHIASAMEN

4 Port. 25 Min. Leicht

Zutaten

125 ml Limettensaft
125 ml Wasser
1 EL Chiasamen
125 ml Tequila
70 ml Orangenlikör
250 ml Kombucha
1 Limette
Eiswürfel
Rohrzucker (als Dekoration für die Gläser)

Nährwerte p. P.

79 kcal
6 g Kohlenhydrate
1 g Fett
1 g Eiweiß

1 Vermengen Sie Chiasamen mit Wasser und lassen Sie die Samen 20 Minuten quellen.

2 Schneiden Sie aus der Limette Scheiben für die Dekoration.

3 Geben Sie den Rohrzucker auf einen flachen Teller.

4 Tunken Sie die Glasöffnungen in den Limettensaft und anschließend in den Rohrzucker.

5 Vermengen Sie die gequollenen Chiasamen samt Wasser mit dem Likör, dem Tequila und dem restlichen Limettensaft. Geben Sie zum Schluss den Kombucha hinzu.

6 Füllen Sie Eiswürfel in die mit dem Zucker garnierten Gläser und geben Sie anschließend das Kombucha-Gemisch hinzu. Dekorieren Sie mit den Limettenscheiben.

KOMBUCHA NACH BLOODY-MARY-ART

5 Port. | 2-3 Tage | Leicht

Zutaten

1 l Kombucha aus der Erstfermentation
45 g Gurke
1 mittelgroße Tomate
½ TL Chilipulver
¼ TL Cayennepfeffer
Prise Meersalz

Nährwerte p. P.

46 kcal
9 g Kohlenhydrate
0 g Fett
0 g Eiweiß

1 Waschen und würfeln Sie das Gemüse.

2 Geben Sie das Gemüse in einen Mixer und pürieren Sie es.

3 Vermengen Sie alle Zutaten miteinander und lassen Sie den Kombucha für 2-3 Tage ruhen.

ERDBEER-GIN-KOMBUCHA

3 Port.

10 Min.

Leicht

Zutaten

500 ml Kombucha einer Erstfermentation
60 ml Pimms (alternativ ein anderer fruchtiger Likör)
40 ml Gin
2 EL Agavensirup
2 EL Zitronensaft
1 Handvoll Erdbeeren
Eiswürfel

Nährwerte p. P.

67 kcal
12 g Kohlenhydrate
0 g Fett
1 g Eiweiß

1 Waschen und würfeln Sie die Erdbeeren.

2 Vermengen Sie alle Zutaten außer den Kombucha miteinander und füllen Sie sie in die Gläser.

3 Gießen Sie mit Kombucha auf.

ANANAS-KOMBUCHA-COCKTAIL

6 Port. 10 Min. Leicht

Zutaten

4 EL Rum
2 EL Campari
1 TL Angostura
¼ Ananas
700 ml Kombucha
Eiswürfel

Nährwerte p. P.

79 kcal
15 g Kohlenhydrate
0 g Fett
1 g Eiweiß

1 Würfeln Sie die Ananas.

2 Vermengen Sie alle Zutaten bis auf den Kombucha miteinander und füllen Sie alles in die Gläser.

3 Gießen Sie mit Kombucha auf.

KOMBUCHA-MARGARITA

6 Port.

2 Min.

Leicht

Zutaten

80 ml Tequila
2 EL Cointreau (alternativ anderer Orangenlikör)
2 EL Agavensirup
80 ml Limettensaft
Handvoll Himbeeren
700 ml Kombucha
Eiswürfel

Nährwerte p. P.

85 kcal
11 g Kohlenhydrate
0 g Fett
1 g Eiweiß

1 Vermengen Sie alle Zutaten bis auf den Kombucha miteinander und füllen Sie alles in die Gläser.

2 Gießen Sie mit Kombucha auf.

KOMBUCHA-RADLER

2 Port.

2 Min.

Leicht

Zutaten

1 Teil Kombucha
1 Teil Bier

Nährwerte p. P.

75 kcal
12 g Kohlenhydrate
0 g Fett
2 g Eiweiß

1 Verwenden Sie aromatisierten Kombucha nach Belieben, gut geeignet ist Kombucha mit Früchten.

2 Vermengen Sie den Kombucha mit dem Bier.

KOMBUCHA MIT MATCHA UND WODKA

4 Port.

5 Min.

Leicht

Zutaten

120 ml Wodka
4 TL Honig
½ TL Matchapulver
500 ml Kombucha aus einer Erstfermentation
1 Bio-Limette
Eiswürfel
Handvoll frische Minze

Nährwerte p. P.

115 kcal
27 g Kohlenhydrate
0 g Fett
1 g Eiweiß

1 Vierteln Sie die Limette.

2 Vermengen Sie alle Zutaten miteinander und füllen Sie sie in 4 Gläser, garnieren Sie mit der Limette und der Minze.

KOMBUCHA MIT CHIASAMEN

6 Port.

1 Std.
5 Min.

Leicht

Zutaten

1 l Kombucha aus einer Erstfermentation
500 ml Wasser oder Saft nach Wahl
90 g Chiasamen

Nährwerte p. P.

117 kcal
13 g Kohlenhydrate
5 g Fett
4 g Eiweiß

1 Vermengen Sie die Chiasamen mit dem Wasser oder Saft und lassen Sie sie unter gelegentlichem Rühren eine Stunde ziehen.

2 Vermengen Sie die gequollenen Chiasamen mit dem Kombucha. Verbrauchen Sie die fertige Mischung sofort oder bewahren Sie diese im Kühlschrank auf.

KOMBUCHA SANFTER ENGEL

4 Port.

5 Min.

Leicht

Zutaten

150 ml Kombucha aus einer Erstfermentation
150 ml Orangensaft
2 Zweige Rosmarin
50 g Sahne
4 Kugeln Vanilleeis

Nährwerte p. P.

219 kcal
27 g Kohlenhydrate
11 g Fett
3 g Eiweiß

1 Vermengen Sie den Orangensaft mit der Sahne. Gießen Sie das Gemisch in die Gläser.

2 Geben Sie darauf eine Kugel Eis, gießen Sie mit Kombucha auf und garnieren Sie mit Rosmarin.

Kombucha-Smoothies

GRÜNER SPIRULINA-SMOOTHIE MIT KOMBUCHA

3 Port.

10 Min.

Leicht

Zutaten

½ Avocado
1 Apfel
½ Salatgurke
1 TL Spirulina-Pulver
200 ml Kombucha aus einer Erstfermentation

Nährwerte p. P.

117 kcal
8 g Kohlenhydrate
8 g Fett
1 g Eiweiß

1 Schälen und würfeln Sie den Apfel.

2 Entfernen Sie das Fruchtfleisch der Avocado und geben Sie es mit den restlichen Zutaten in einen Mixer.

3 Pürieren Sie den Smoothie, bis die gewünschte Feinheit erreicht ist.

CREMIGER KOMBUCHA-SMOOTHIE

4 Port.

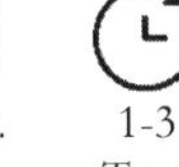
1-3 Tage

Leicht

Zutaten

15 g Mandeln
2 Birnen
2 Äpfel
130 ml Pflanzenmilch
130 ml Kombucha aus einer Erstfermentation
2 EL Mandelmus

Nährwerte p. P.

164 kcal
21 g Kohlenhydrate
7 g Fett
2 g Eiweiß

1 Entkernen Sie Äpfel und Birnen.

2 Geben Sie alle Zutaten bis auf den Kombucha in einen Mixer und pürieren Sie alles zu einem Smoothie.

3 Gießen Sie alles mit Kombucha auf und mixen Sie es noch einmal kurz durch.

RUCOLA-SELLERIE-SMOOTHIE MIT KOMBUCHA

6 Port.

10 Min.

Leicht

Zutaten

5 Stängel Staudensellerie
1 Salatgurke
1 Handvoll Rucola
1 Handvoll Petersilie
500 ml Kombucha aus einer Erstfermentation

Nährwerte p. P.

53 kcal
9 g Kohlenhydrate
1 g Fett
1 g Eiweiß

1 Waschen Sie Gemüse und Kräuter und zerteilen Sie diese grob.

2 Geben Sie die Zutaten in einen Mixer.

3 Pürieren Sie die Zutaten mit dem Kombucha zu einem Smoothie.

Speisen mit Kombucha

FERMENTIERTER KOMBUCHA-KETCHUP

12 Port.

2-5 Tage

Leicht

Zutaten

30 g Tomatenmark
230 g saurer Kombucha aus einer Erstfermentation (ab Tag 15)
Prise Zimt
Prise Gewürznelken
Prise Cayennepfeffer
Prise Pfeffer
Prise Salz
4 TL brauner Zucker

Nährwerte p. P.

22 kcal
5 g Kohlenhydrate
0 g Fett
0 g Eiweiß

1 Vermengen Sie alle Zutaten miteinander und füllen Sie die fertige Masse in ein Glas.

2 Spannen Sie ein Stück Stoff über das Glas und lassen Sie den Ketchup für 2-5 Tage fermentieren.

KRÄUTERESSIG AUS KOMBUCHA

10 Port.

42 Tage

Leicht

Zutaten

1 l saurer Kombucha aus einer Erstfermentation (ab Tag 15)
2 Knoblauchzehen
2 Zweige Rosmarin
2 Zweige Thymian
1 EL Senfkörner
1 TL Pfefferkörner
½ Chilischote
1 Lorbeerblatt

Nährwerte p. P.

34 kcal
7 g Kohlenhydrate
0 g Fett
1 g Eiweiß

1 Entkernen Sie die Chilischote.

2 Geben Sie alle Zutaten mit dem Kombucha in ein Gefäß und überspannen Sie es mit einem Stück Stoff.

3 Lassen Sie den Kombucha für 6 Wochen ziehen, rühren Sie dabei immer mal um. Alle Zutaten müssen komplett mit Flüssigkeit bedeckt sein, da sie sonst schimmeln könnten.

4 Seihen Sie anschließend den fertigen Essig durch ein Tuch ab.

Tipp: Der Essig ist gut verschlossen für bis zu 2 Jahre haltbar.

KOMBUCHA-SALATDRESSING

20 Port.

10 Min.

Leicht

Zutaten

1 Tasse Olivenöl
½ Tasse saurer Kombucha aus einer Erstfermentation (ab Tag 15)
1 TL Salz
½ TL Zwiebelpulver oder Knoblauchpulver
½ TL getrocknete Kräuter nach Wahl
2 Knoblauchzehen
¼ TL gemahlener schwarzer Pfeffer
1 EL Honig für ein süßeres Dressing

Nährwerte p. P.

107 kcal
1 g Kohlenhydrate
11 g Fett
0 g Eiweiß

1 Schälen und pressen Sie die Knoblauchzehen.

2 Vermengen Sie alle Zutaten miteinander.

IN KOMBUCHA EINGELEGTE GURKEN

 24 Port.
 21 Tage
 Leicht

Zutaten

Für den ersten Tag:
8 Salatgurken
4 Zwiebeln
4 frische grüne Peperoni
200 g Salz

Für den zweiten Tag:
100 g Zucker
1 EL Salz
4 EL Senfkörner
Boretsch-Blüten und Blätter
frischer Dill
Estragon
3 l sauer gewordener Kombucha aus einer Erstfermentation (ab Tag 15)

Nährwerte p. P.

55 kcal
11 g Kohlenhydrate
0 g Fett
1 g Eiweiß

1 Schälen und würfeln Sie die Gurken.

2 Entkernen Sie die Peperoni und würfeln Sie die Zwiebeln.

3 Vermengen Sie alle Zutaten für den ersten Tag und lassen Sie diese über Nacht im Kühlschrank ziehen.

4 Vermengen Sie die gut durchgezogenen Zutaten vom ersten Tag nun mit den Zutaten für den zweiten Tag und bringen Sie alles in einem großen Topf kurz zum Kochen.

5 Lassen Sie die Gurken 3 Wochen fermentieren.

IN KOMBUCHA FERMENTIERTE MÖHREN

4 Port.

1-5 Tage

Leicht

Zutaten

3 ⅓ Tassen Möhren
2 cm frischer Ingwer
1 TL Salz
Etwas Kombucha aus einer Erstfermentation

Nährwerte p. P.

48 kcal
10 g Kohlenhydrate
0 g Fett
1 g Eiweiß

1 Waschen Sie die Möhren und schneiden Sie diese in Stifte.

2 Schneiden Sie den Ingwer in Scheiben.

3 Lösen Sie das Salz in einer Tasse Kombucha auf.

4 Geben Sie die Möhrenstifte und den Ingwer in ein Schraubglas, geben Sie die Salzlake hinzu und füllen Sie alles mit so viel Kombucha auf, dass die Möhrenstifte komplett mit Flüssigkeit bedeckt sind.

5 Lassen Sie die Möhren 1-5 Tage fermentieren. Öffnen Sie dabei ab und an den Deckel, um das überschüssige Gas abzulassen.

KOMBUCHA-BRÜHWURST

20 Port.

2 Tage

Leicht

Zutaten

1 EL Fenchelsamen
1 EL getrocknete Petersilie
2 Lorbeerblätter
6 ganze Pfefferkörner
1 Kilo frisches gemahlenes Schweinefleisch
100 g Schweinefett
¼ Tasse extra saurer Kombucha aus einer Erstfermentation (ab Tag 15)
2-4 Knoblauchzehen, gehackt
1 TL keltisches Meersalz
Prise Cayennepfeffer

Nährwerte p. P.

203 kcal
1 g Kohlenhydrate
18 g Fett
9 g Eiweiß

1 Schälen und pressen Sie die Knoblauchzehen.

2 Geben Sie die Gewürze in einen Mörser oder Mixer und mahlen Sie diese grob.

3 Geben Sie Fleisch und die restlichen Zutaten in eine Schüssel und vermengen Sie alles.

4 Verschließen Sie die Fleischmischung luftdicht und lassen Sie diese für 48 Stunden im Kühlschrank ruhen.

5 Zum Einkochen im Glas geben Sie das Brät in Weckgläser. Stellen Sie die Weckgläser in einen Topf mit Wasser und brühen Sie alles für 60 Minuten bei 100 °C.

Tipp: Lagern Sie die Gläser kalt. Bei richtiger Anwendung ist die Brühwurst für einen Monat haltbar.

HÄHNCHENSCHNITZEL MIT KOMBUCHA-SAHNE-SOßE

 4 Port.  40 Min.  Leicht

Zutaten

4-5 Hähnchenschnitzel
250 ml fertiger Kombucha (aus einem Ansatz mit Oolong-Tee)
1 ½ TL Salz
Prise Pfeffer
2 EL Sojasoße
1 EL Ingwer
250 g Mehl
3 EL Öl
3 EL Kombucha aus einer Erstfermentation
2 EL saure Sahne
1 EL Petersilie

Nährwerte p. P.

421 kcal
50 g Kohlenhydrate
12 g Fett
28 g Eiweiß

1 Klopfen Sie die Hähnchenschnitzel ausgiebig und salzen Sie jedes Schnitzel.

2 Vermengen Sie 250 ml Kombucha, Sojasoße und Ingwer in einer Schüssel und marinieren Sie die Hähnchenschnitzel für 20 Minuten darin.

3 Geben Sie das Mehl in einen flachen Teller. Entnehmen Sie die Hähnchenschnitzel der Marinade und tupfen Sie diese trocken. Wenden Sie die Schnitzel in dem Mehl.

4 Erhitzen Sie das Öl in einer Pfanne und braten Sie darin die Hähnchenschnitzel von allen Seiten goldgelb an.

5 Legen Sie die Schnitzel anschließend beiseite. Geben Sie 3 EL Kombucha direkt in die bereits verwendete Pfanne und vermengen Sie durch Schaben an dem Pfannenboden den Bratensud mit dem Kombucha.

6 Löschen Sie mit der sauren Sahne ab.

7 Hacken Sie die Petersilie und geben Sie diese mit dem Rest des Salzes sowie einer Prise Pfeffer in die Sahnesoße.

VEGANER KOMBUCHA-KÄSE

15 Port.

3 Tage

Leicht

Zutaten

1 Tasse rohe Cashewkerne
¼ Tasse Nährhefe
¼ Tasse saurer Kombucha aus einer Erstfermentation (ab Tag 15)
1 EL frischer Zitronensaft
1 TL Meersalz
2 EL frische Kräuter nach Wahl

Nährwerte p. P.

111 kcal
6 g Kohlenhydrate
8 g Fett
3 g Eiweiß

1 Geben Sie alle Zutaten in einen Mixer und pürieren Sie sie, bis eine Ricotta-artige Konsistenz entsteht.

2 Geben Sie den Brei in ein sauberes Küchentuch und pressen Sie ihn stark zu einer Kugel aus.

3 Geben Sie den Käseball in eine Schüssel und träufeln Sie etwas Kombucha darüber. Lassen Sie den Käse so bis zu 3 Tage reifen.

KOMBUCHA-GEWÜRZBROT

10 Port.

15 Std.
40 Min.

Mittel

Zutaten

400 g Weizen- oder Dinkelmehl
100 g Weizen- oder Dinkelmehl
1 TL Salz
1 TL Honig
1 TL Gewürz nach Geschmack (Kümmel, Fenchel, Koriander, Flohsamen, Kürbiskerne, Sonnenblumenkerne, Sesam oder Kokosraspel)
1 TL Natron
200 ml Kombucha aus einer Erstfermentation
200 ml Wasser

Nährwerte p. P.

197 kcal
40 g Kohlenhydrate
1 g Fett
6 g Eiweiß

1 Vermengen Sie Salz und 400 g Mehl miteinander.

2 Vermengen Sie 200 ml warmes Wasser mit 200 ml Kombucha und dem Honig, mischen Sie die Lösung unter das Mehl und verkneten Sie alles zu einem Teig. Lassen Sie den Teig in einer abgedeckten Schüssel über Nacht ruhen, idealerweise an einem warmen Ort oder auf der warmen Heizung.

3 Kneten Sie nach der Ruhezeit die Gewürze für 20 Minuten in den Teig ein.

4 Vermengen Sie das Natron mit der doppelten Menge Wasser und kneten Sie es zusammen mit 100 g Mehl in den Teig ein. Kneten Sie den Teig erneut für 15 Minuten durch.

5 Backen Sie das Brot bei 200 °C für 50-70 Minuten knusprig.

KOMBUCHA-SAUERTEIGBROT

10 Port.

2 Tage

Mittel

Zutaten

600 g Dinkelvollkornmehl
600 ml Kombucha aus einer Erstfermentation (siehe klassischer Ansatz)
4 EL Haferflocken
1 EL Flohsamen oder Kokosmehl
1 EL Brotgewürz
3 TL Rohrohrzucker
1-2 TL Salz
3 EL Olivenöl oder Kokosöl
1 Packung Trockenhefe oder ein halber Würfel Frischhefe
4 EL geröstete Sonnenblumenkerne
1 EL Apfelessig

Nährwerte p. P.

289 kcal
50 g Kohlenhydrate
6 g Fett
8 g Eiweiß

1 Vermengen Sie Kombucha und Mehl miteinander und lassen Sie den Teig für 48 Stunden bei Zimmertemperatur fermentieren.

2 Geben Sie anschließend die restlichen Zutaten mit in den Teig und kneten Sie diesen gründlich durch. Lassen Sie den Teig erneut eine Stunde ruhen.

3 Kneten Sie den Teig nach dieser kurzen Ruhephase erneut gründlich durch und geben Sie ihn in eine Brotform. Lassen Sie den Teig in der Form für 2 Stunden ruhen.

4 Heizen Sie den Ofen auf 230 °C vor und backen Sie das Brot bei dieser Hitze für 15 Minuten.

5 Verringern Sie nun die Hitze auf 200 °C und backen Sie das Brot in 45 Minuten knusprig.

VEGANER KOMBUCHA-JOGHURT

4 Port.

1 Tag

Leicht

Zutaten

200 ml Wasser
100 ml Kombucha aus einer Erstfermentation
100 g Kokosraspel

Nährwerte p. P.

171 kcal
4 g Kohlenhydrate
16 g Fett
2 g Eiweiß

1 Geben Sie Wasser und Kokosraspel in eine Schüssel. Lassen Sie die Kokosraspel so für 4 Stunden quellen.

2 Geben Sie sie dann mit dem Wasser in einen Mixer und pürieren Sie beides so lange, bis eine homogene Masse entsteht.

3 Geben Sie den Kombucha hinzu und lassen Sie beides für 10 Stunden fermentieren.

4 Geben Sie den Kokosjoghurt anschließend in den Kühlschrank und lassen Sie ihn dort für weitere 10 Stunden ruhen.

OVERNIGHT OATS MIT KOMBUCHA

 2 Port.

 1 Tag

 Leicht

Zutaten

½ Tasse Haferflocken
150 ml Kombucha aus einer Erstfermentation
1 TL Matchapulver
1 Tasse Naturjoghurt
½ Tasse Blaubeeren
1 TL Honig
1 TL Kürbiskerne
1 TL Kokosnussraspel
1 TL Mandelsplitter

Nährwerte p. P.

428 kcal
53 g Kohlenhydrate
15 g Fett
18 g Eiweiß

1 Weichen Sie die Haferflocken über Nacht in dem Kombucha ein.

2 Vermengen Sie den Joghurt mit dem Matchapulver, süßen Sie die Mischung nach Belieben. Geben Sie anschließend den Joghurt auf die Haferflocken.

3 Geben Sie die gesäuberten Blaubeeren auf den Joghurt, darüber den Honig und zum Schluss die restlichen Zutaten.

KOMBUCHA-PFLAUMEN-SOẞE

6 Port.

2-3 Tage

Leicht

Zutaten

1 kg Pflaumen, entsteint und grob gehackt
¼ Tasse Kombucha aus einer Erstfermentation
2 EL Kokosblütenzucker
1 EL Apfelessig
1 EL Melasse
1 TL gemahlener Zimt
1 TL Senfkörner
1 TL Nelken
½ TL gemahlene Muskatnuss
½ TL Chilipulver
½ TL Salz

Nährwerte p. P.

93 kcal
20 g Kohlenhydrate
0 g Fett
1 g Eiweiß

1 Geben Sie alle Zutaten in einen Mixer und pürieren Sie sie zu einer feinen Soße.

2 Füllen Sie die Soße in sterilisierte Gläser und bedecken Sie die Gläser mit einem Stück Tuch oder Haushaltsrolle.

3 Lassen Sie die Soße bei Raumtemperatur für 2-3 Tage ziehen, rühren Sie täglich um.

4 Im Kühlschrank lässt sich die Soße mehrere Wochen aufbewahren.

MÖHRENMUFFINS MIT KOMBUCHA

10 Port. 45 Min. Leicht

Zutaten

1 Tasse Hafermehl
1 Tasse Haferflocken
½ TL Backpulver
½ TL Zimt
½ TL Ingwer
1 EL Leinsamen
2 reife Bananen
300 ml Kombucha aus einer Erstfermentation
¼ Tasse ungesüßte Mandelmilch
¼ Tasse reiner Ahornsirup
1 kleiner Apfel
1 Tasse Karotten, gerieben
½ Tasse Rosinen und Walnüsse (optional)

Nährwerte p. P.

298 kcal
57 g Kohlenhydrate
4 g Fett
6 g Eiweiß

1 Heizen Sie den Ofen auf 150 °C vor.

2 Zerdrücken Sie die Bananen mit einer Gabel zu einem Mus. Schälen Sie den Apfel und schneiden Sie ihn in feine Würfel. Raspeln Sie den Ingwer fein.

3 Vermengen Sie erst alle trockenen Zutaten miteinander, geben Sie anschließend die feuchten Zutaten hinzu und mischen Sie alles zu einem Brei.

4 Füllen Sie den Teig in Muffinförmchen und backen Sie diese für 25-30 Minuten.

MANGOEIS AUS KOMBUCHA

3 Port. | 4 Std. 15 Min. | Leicht

Zutaten

1 reife Mango
1 Bund frische Minze
250 ml Kombucha aus einer Erstfermentation

Nährwerte p. P.

69 kcal
15 g Kohlenhydrate
1 g Fett
1 g Eiweiß

1 Würfeln Sie das Fruchtfleisch der Mango. Waschen Sie die Minzblätter.

2 Geben Sie alle Zutaten in einen Mixer und pürieren Sie sie zu einem Brei.

3 Geben Sie den Brei in Stieleisförmchen und lassen Sie diese im Gefrierfach aushärten.

Körperpflege aus Kombucha

KOMBUCHA-GESICHTSMASKE

2 Port.

5 Min.

Leicht

Zutaten

4 EL pürierter Kombuchapilz
125 g Bio-Quark
2 EL Olivenöl

1 Pürieren Sie den Kombuchapilz in einem Mixer oder mit einem Pürierstab.

2 Vermengen Sie alle Zutaten miteinander.

Anwendung: Reinigen Sie Ihr Gesicht. Tragen Sie die Kombucha-Maske auf und lassen Sie diese 20 Minuten einwirken. Spülen Sie Ihr Gesicht anschließend gründlich ab.

KOMBUCHA-BADEWASSER

1 Port.

1 Min.

Leicht

Zutaten

2 l Kombucha aus einer Erstfermentation
500 ml Sahne (optional)

1 Geben Sie die Zutaten in Ihr Badewasser und baden Sie wie gewohnt.

VEGANE GESICHTSMASKE AUS KOMBUCHA

2 Port.

3 Min.

Leicht

Zutaten

100 g Kombuchapilz
15 ml Kombucha (Ansatzflüssigkeit)
15 ml Kokosöl

1 Pürieren Sie den Kombuchapilz mit den restlichen Zutaten in einem Mixer oder mit einem Pürierstab.

Anwendung: Reinigen Sie Ihr Gesicht. Tragen Sie die Kombucha-Maske auf und lassen Sie diese 10-20 Minuten einwirken. Spülen Sie Ihr Gesicht anschließend gründlich ab.

KOMBUCHA-HAARSPÜLUNG

1 Port.

1 Min.

Leicht

Zutaten

100 ml Kombucha aus einer Erstfermentation
100 ml Wasser

1 Vermengen Sie die Zutaten miteinander, idealerweise werden lauwarme Zutaten verwendet.

Anwendung: Waschen Sie Ihre Haare wie gewohnt. Gießen Sie die Spülung auf Ihre Haare und massieren Sie die Spülung sanft in die Kopfhaut ein. Lassen Sie die Spülung 5 Minuten einwirken.

KOMBUCHA-GESICHTSWASSER

3 Port.

1 Min.

Leicht

Zutaten

150 ml saurer Kombucha aus einer Erstfermentation (ab Tag 15)
150 ml Wasser

1 Vermengen Sie die Zutaten miteinander.

Anwendung: Waschen Sie Ihr Gesicht. Geben Sie das Kombucha-Gesichtswasser auf ein Wattepad und tupfen Sie das Gesicht ausgiebig ab. Lassen Sie das Gesichtswasser auf der Haut trocknen.

KOMBUCHA-KÖRPERCREME

1 Port.

1 Min.

Leicht

Zutaten

100 ml Jojobaöl
4-6 EL Kombucha aus einer Erstfermentation

1 Vermengen Sie die Zutaten miteinander.

Anwendung: Verwenden Sie die Mischung wie eine herkömmliche Creme.

KOMBUCHA-FUßKUR

1 Port.

1 Min.

Leicht

Zutaten

150-250 ml sehr saurer Kombucha aus einer Erstfermentation (ab Tag 15)

1 Geben Sie den Kombucha in eine große Schüssel mit warmem Wasser.

Anwendung: Nehmen Sie in dem Kombucha-Wasser ein ausgiebiges Fußbad.